AF361074

EDGAR QUINET

L'ESPRIT NOUVEAU

PAR

Mme LOUISE COLET

PARIS

LIBRAIRIE HURTAU

ARCADES DE L'ODÉON, 12-15

EDGAR QUINET

L'ESPRIT NOUVEAU

EDGAR QUINET

L'ESPRIT NOUVEAU

A M. FÉLICE CAVALLOTTI

Député au Parlement italien

San-Remo, 30 avril 1875.

Cher et illustre poëte,

Depuis deux ans que j'ai eu la joie de vous connaître à Milan, lorsque j'y publiai : *la Vérité sur l'anarchie des esprits en France*[1], j'ai pensé bien souvent à vous écrire. Certes, ce n'est pas le temps qui m'a manqué dans cette morne et burlesque bourgade de San-Remo, si complétement étrangère aux choses de l'idéal que la mort des plus grands génies de l'Italie, ou de la France, n'y éveillerait pas un écho sympathique.

La préoccupation exclusive de sa population d'industriels, de rusés paysans et de petits bourgeois, affolée de gains et de gloriole, est de supputer le profit qu'elle peut tirer du séjour sur cette plage attiédie d'un prince ou d'une princesse qui met en renom *il paradiso di San Remo*. Aussi suffit-il de l'arrivée d'une altesse ou d'une majesté quelconque pour surexciter l'enthousiasme de ces harpagons rustiques jusqu'à la cotisation d'un *demi-scudo*, défrayant les vivats, les pétards, les illuminations, voire

1. Chez Legros Felice, éditeur, 29, *Santa Soffia*, Milan.

les mascarades sordides d'un *carnavalone* honteux, qui dans les récits des journaux du lieu surpasse en magnificence les *carnavaloni* de Milan et de Rome.

Il est superflu que je dise à votre esprit de poëte, qu'en tout temps et en tout pays, je me suis tenue à distance de ces banales réjouissances dont San-Remo se glorifie. J'y étais d'ailleurs, aux jours de ces pompes carnavalesques, à peine convalescente d'une violente rechute de la bronchite chronique qui m'a forcée à fuir Paris en 1873.

Dès la fin d'octobre dernier, une toux convulsive ajouta pour moi à tous les autres signes de dépérissement l'impossibilité du sommeil. Oubli bienfaisant, suspension momentanée des tortures physiques, cet apaisement du sommeil donne seul la force, et j'ajouterais la volonté de prolonger la lutte d'une vie défaillante. Ces longues nuits d'insomnie sont rendues plus amères par l'austérité de la solitude : les parents et les amis sont loin, déjà les plus chers et les plus aimants nous ont précédés dans la tombe, ils ont subi avant nous le supplice de la décomposition de l'être ; ils sont désormais dans la paix de la mort et nous inspirent la dignité du silence.

Parmi les survivants, ceux qui furent nos maîtres et nos guides, ou nos contemporains fraternels, ont tous leur part de misère et d'angoisse. Il serait lâche d'y ajouter la plainte importune de nos propres douleurs. Quant aux jeunes et aux vaillants, qui comme vous, cher poëte, commencent, résolus et déjà triomphants, la lutte intellectuelle, à quoi bon répandre l'ombre morose de notre tristesse sur la route enflammée où ils marchent confiants et superbes ? Le devoir des vieillards, je dirai presque leur pudeur, est de ne pas énerver le courage de ceux qui leur succèdent par le spectacle ou le récit des déceptions et des dégoûts du déclin, mais, du seuil de la mort, de leur crier comme Gœthe : « Marchons à l'avenir par-dessus les tombeaux ! »

Je vous dis là le secret du silence stoïque des agonisants altiers dont le corps se brise sans altérer les facultés vitales de l'âme.

C'est cette fierté muette qui a présidé à mes souffrances durant les deux hivers d'abandon et d'oubli que j'ai passés à San-Remo.

Aux heures de défaillance où la chair pleure et crie, comme pour implorer l'appui d'une main amie ou l'écho d'une voix secourable, tandis que les bourrasques du golfe et les rafales des monts répondaient seuls à mes gémissements, je trompais la longueur des nuits en saisissant, épars sur mon lit, un de ces livres, amis toujours présents et soutiens éternels que le génie lègue en héritage à l'humanité tout entière dont il a fait sa famille. Je forçais mes yeux brûlés par les veilles à se fixer, obstinés, sur les pages où l'âme des écrivains palpite et flamboie à travers les siècles. J'y retrouvais comme une séve immortelle de rajeunissement et de tranquillité.

Un soir, le *Rappel* m'apporta un fragment de l'*Esprit nouveau*, d'Edgar Quinet. Frappée du pressentiment des clartés morales et de la foi sereine que contient ce livre, je me hâtai de le demander à Paris, d'où je le reçus, au commencement de décembre.

Depuis quarante jours j'étais alitée, la toux qui me brisait la poitrine était à son paroxysme. je repoussais comme désormais inutiles les soins d'un médecin.

Donner à mon esprit affamé de consolation, un élément intellectuel, en harmonie avec toutes les aspirations de ma vie, me semblait plus urgent que de combattre la mort.

J'attendais de ce livre (que la poste du soir m'avait apporté), ce que les croyants aveugles demandent aux sacrements de l'Eglise. Mon espoir ne fut pas trompé. Dès les premières pages de cette œuvre magnifique, j'éprouvai une émotion délicieuse ; à mesure que je poursuivais ma lecture, mon ravissement augmentait ; c'était une de ces joies complètes de l'esprit qu'on pourrait comparer à l'ivresse radieuse de la jeunesse quand le rêve de l'amour, longtemps caressé en secret, mais réputé impossible, devient tout à coup une réalité, par l'assentiment d'une autre âme sincère et forte : « Le bonheur existe, je te l'apporte, » nous dit cette âme !

C'est une satisfaction supérieure encore qu'éprouve l'intelligence en voyant confirmer par l'autorité du génie les doctrines de la foi nouvelle, flamme intérieure qui brûlait en nous, et sur laquelle on veillait pour la préserver des atteintes tour à tour féroces et insidieuses de l'imposture.

Voilà la mâle consolation que m'apporta ce livre, su-

blime ; Bible impérissable de la science, credo de la
vérité, sorti lumineux du cerveau d'un homme qui fut à la
fois l'un des plus profonds penseurs et l'un des plus
grands écrivains de ce siècle.

Je bus, sans prendre haleine, à cette source pure ; j'arrivai
aux dernières lignes du livre quand le jour parut. Malgré
cette longue nuit de veille ardente, je sentais un calme
ineffable ; le saisissement de l'admiration avait brusque-
ment arrêté mes accès de toux jusque-là inextinguibles.

Les cléricaux qui me railleront appelleraient pourtant
cela un miracle si je narrais ici quelque apparition de ma-
done ou de saint. Le miracle est pour moi dans le choc du
génie produisant de ces phénomènes physiques.

Ce fait, quel que soit le nom qu'on lui donne, ne saurait être nié : j'en ai des garants irrécusables. J'écrivis le
jour même à l'auteur de l'*Esprit nouveau*, et les jours sui-
vants à plusieurs amis parmi lesquels je citerai M. Burnouf[1], directeur de l'école française d'Athènes, et M. Mauro-
Macchi, l'éminent publiciste, député au Parlement italien.
Ma lettre à Edgar Quinet, émue et sans art, n'était qu'une
action de grâces. Je lui disais l'apaisement que je lui devais
dans des souffrances intolérables. La veille, j'eusse été
incapable de tracer une ligne.

Je n'avais vu Edgar Quinet qu'une fois en ma vie, à
Bruxelles, après le coup d'État qui le jeta en exil, mais
mon culte pour son génie datait dès lors de vingt ans. Ses
livres avaient enflammé ma jeunesse pour l'amour au
Juste et du *Beau*. Il était de la race des grands inspirés que
la Judée appelait des prophètes, et la Grèce et Rome des
sages. Sa haute stature et son noble visage au front rayonnant étaient comme l'enveloppe voulue de cette âme
puissante et calme. On aime à voir à ces prédestinés de
l'esprit la fière beauté qu'Athènes prêtait à ses dieux.

Son image s'était gravée en moi, ineffaçable depuis
cette unique entrevue ; et après tant d'années, je le re-
voyais, en lui écrivant, m'écouter avec son regard péné-
trant et son bienveillant sourire : j'avais confiance.

Ma lettre partit le 11 décembre. Quatre jours après, je
reçus de lui celle qu'on va lire.

---

1. Auteur de la *Science des Religions*.

« Versailles, 15 décembre 1874.

« Madame,

« Quelle lettre que la vôtre ! quel moment de bonheur elle me donne ! ah ! de semblables paroles sont un grand lien.

« Ainsi ce livre a pu faire trêve à vos souffrances ! il a surmonté le mal ! que pouviez-vous me dire qui m'allât plus droit au cœur?

« Guérissez bien vite, madame, et entièrement, pour que je sois tout à fait heureux.

« Vous aussi m'avez fait du bien par ces pages arrachées à la douleur... c'est un souvenir que je garde pour m'en réjouir dans les mauvais jours.

« Vivez, chère madame, fortifiez-vous pour tant de nobles et délicates œuvres que vous avez à accomplir. Mais ne dites plus que je vous ai oubliée ! oh ! non ! ce mot n'est pas fait pour vous.

« Votre dévoué et reconnaissant,

« EDGAR QUINET. »

« Il va sans dire que je n'ai pas reçu la *Vérité sur l'anar-* « *chie,* puisque je ne vous ai pas remerciée. »

Cette douce lettre raffermit le bien que l'*Esprit nouveau* m'avait fait.

La guérison complète des organes affaiblis est une illusion dont on ne saurait se flatter au déclin. Il est un âge où la mort avertit ceux qu'elle se dispose à frapper ; elle anticipe par l'altération progressive de l'être sur son anéantissement final. Hélas ! nous fléchissons dans la vie avant de nous engloutir dans la tombe.

Contentons-nous d'obtenir de la philosophie et de la médecine (qu'il ne faut pas confondre avec la thaumaturgie et l'empirisme) la pacification des souffrances humaines. Cette pacification, produite en moi par ce grand livre de l'*Esprit nouveau*, persista dans les jours qui suivirent. Le cerveau s'apaisa, les nerfs se détendirent, les rauques aboiements d'une toux sinistre ne revinrent plus déchirer ma poitrine : le calme ramena le sommeil. Je ne recouvrai pas cette force instantanée (et par cela même impossible) que les miracles de Lourdes rendent aux infirmes les plus incurables ; mais le mieux opéré fut ascendant et réel, malgré les rigueurs de ce cruel hiver ; je pus me lever dès le huitième jour, causer, écrire et marcher ; je repris peu à peu possession de la vie. J'aurais été bien ingrate de ne pas reconnaître ce bienfait inespéré par la glorification de mon bienfaiteur, ce bienfaiteur n'eût-il pas été Edgar Quinet. Chose étrange ! j'oubliai presque en lui écrivant l'éclatante renommée de cet intègre génie. En vain, ses précédents ouvrages eussent-ils dû me faire pressentir son œuvre dernière, couronnement mérité d'une gloire si pure, je ne songeais qu'à ce livre unique où se trouvent si merveilleusement condensées les doctrines qui changent la face du monde. Ce livre seul offre un refuge radieux au désespoir des âmes tourmentées qu'étouffe depuis la Renaissance la poussière des religions. J'en parlais et j'en écrivais aux esprits faits pour le comprendre : c'était, leur disais-je, le Verbe attendu qui bientôt ferait tressaillir l'humanité tout entière. Je ne me lassai pas de le relire, et la durée de mon émotion en attestait la sincérité.

Depuis longtemps je m'étais résignée dans la solitude à l'oubli des affairés de la gloire ; je n'étais plus pour eux qu'une chose morte, pire encore, une chose inutile, une voix muette qui ne pouvait faire écho aux clameurs qui les enivraient.

Je n'avais opposé à leur bruyant orgueil, si frivolement dédaigneux, que la fierté du silence et la farouche pudeur des esprits méconnus.

Si tout à coup je cédai à l'irrésistible élan qui pousse un disciple obscur vers le rayonnement d'un maître, ah ! c'est qu'ici je pressentais que j'avais affaire à un de ces vrais instituteurs d'âmes dont le génie est trempé de douceur et de mansuétude. En eux, la bonté est une des forces les plus éloquentes : ils excellent à persuader parce qu'ils savent s'attendrir.

Edgar Quinet ne borna pas l'intérêt qu'il m'avait témoigné à cette première lettre. A quinze jours de distance, il m'écrivit le 30 décembre :

« Madame,

« Que cette lettre vous porte mes remerciements et mes vœux. Annoncez-moi votre complet rétablissement tel que je le souhaite.

« Vous apprendrez avec plaisir que la première édition de l'*Esprit nouveau* a été enlevée en quelques jours. J'étais loin de m'y attendre ; on en a publié une seconde à petit format. Vous avez porté bonheur à ce livre. Je finis par m'y intéresser personnellement depuis que je vois qu'il a été bienfaisant à beaucoup de personnes que j'aime. C'est à lui maintenant de se faire son chemin.

« Je l'ai envoyé à Athènes, à M. Burnouf.

« Notre éditeur ne m'a point encore fait parvenir les ouvrages que vous avez la bonté de m'annoncer. S'il tarde, je les ferai prendre chez lui. Ne doutez pas du vif intérêt qu'ils m'inspirent d'avance.

« Merci des détails que vous me donnez dans votre lettre. J'ai peur qu'ils ne vous aient fatiguée à écrire. Guérissez, guérissez, voilà mes derniers mots de cette année.

« Votre bien sincèrement dévoué,

« EDGAR QUINET. »

« Ah ! notre pauvre Bancel ! que je pense souvent à lui ! Il était avec vous, quand vous êtes venue à Bruxelles. »

« Versailles, 30 décembre 1874.

Le 19 janvier, il m'écrivit encore :

« Madame,

« Le retour de l'Assemblée m'a pris de nouveau mon temps le meilleur.

« En dépit de tout, j'ai lu, d'une seule haleine, la *Vérité sur l'anarchie*, qui m'est enfin parvenue au moment où je commençais à désespérer. Vous m'avez appris, madame, ce que faisait la France des départements, pendant que nous étions enfermés, sans nouvelles, dans Paris. Rien ne pouvait m'intéresser davantage ! Et quelle énergie ! quelle variété ! quelle courageuse indignation ! En toute sincérité, je n'ai pu interrompre ma lecture avant d'avoir achevé la dernière ligne.

« De tels ouvrages sont faits pour réchauffer les tièdes. Ils n'ont rien de commun avec le ton doctrinaire qui arrête la vie. Dans leur désespoir, je trouve des raisons d'espérer. Ils émeuvent, ils passionnent ; j'en conclus que nous vivons encore, que nous vivrons, et je vous remercie de m'en donner la preuve.

« Mais les deux autres livres, annoncés, attendus, me manquent encore.

« J'aurais pu vous envoyer un assez grand nombre de journaux sur l'*Esprit nouveau*, je n'ai pas voulu vous en fatiguer. Le voilà embarqué, sorti du port. C'est à lui de voguer, comme il pourra. Je ne peux plus rien pour lui. Cependant j'ai adressé le volume à M. Mauro-Macchi à Rome, à M. Burnouf à Athènes.

« Achevez, madame, de vous guérir. Dites-nous encore la *Vérité*. Vos indignations sont salutaires, et elles sont partagées par tous ceux que j'estime.

« Recevez, madame, l'expression de mes sentiments bien dévoués.

« EDGAR QUINET.

« Je ne sais si vous avez vu une lettre de moi à Garibaldi sur les *Mille* ? »

Le succès de son livre lui causait, on le sent, cette franche et sereine satisfaction qu'un esprit de sa valeur ne songe pas à dissimuler. Dans le triomphe de l'écrivain éclatait la joie de l'apôtre, à l'avénement de la vérité. La crainte d'importuner mon *sauveur* me fit attendre pour lui répondre une circonstance qui l'intéressât. Il m'arriva, vers la fin de février, des lettres de mes amis d'Athènes, M. et Mme Burnouf, qui me parlaient de l'*Esprit nouveau* en termes émus : « J'ai reçu avec une grande joie, chère madame et amie, me disait Mme Burnouf, votre affectueuse lettre par laquelle vous m'annoncez votre *convalescence due au bel ouvrage d'Edgar Quinet*, que je n'ai pas encore lu, mais que je connais déjà par tout le bien que m'en dit mon mari. »

Suivaient deux pages (sur le projet, longtemps caressé par moi, d'aller me fixer à Athènes) des détails et des arguments que l'amitié de l'aimable femme lui suggérait pour me déterminer.

M. Burnouf ne me parlait à bon droit que de l'*Esprit nouveau :*

« Ai-je besoin de vous dire, bien chère madame, l'impression que m'a causée le livre de Quinet? La fin surtout est d'une grande beauté : c'est un spectacle réconfortant que celui d'un homme arrivé à cet âge et déclarant que la vie ne l'a point abattu, qu'il n'est point découragé, que chaque année au contraire a vu s'accroître son calme et sa satisfaction intérieure. Quel contraste ! non-seulement avec le nihilisme allemand, mais aussi avec les préoccupations mesquines et les mortelles intrigues des théoriciens ambitieux de nos jours! J'ai écrit à Edgar Quinet pour le remercier et pour lui dire que je proposais un article à la *Revue;* j'ai reçu une très-noble lettre de celui que je puis appeler maintenant un ami.

« ÉMILE BURNOUF. »

Je communiquai ces lettres sympathiques à l'apôtre de la vérité ; mais, hélas ! simultanément aux affirmations enthousiastes de ces vivifiantes doctrines qui, telles qu'un chœur triomphal, lui répondaient de tous les points du globe, il entendait monter autour de lui les débats haineux, puérils et violents d'une Assemblée frappée par lui de déchéance dans une satire immortelle [1]. Comme repré-

____

1. Voir un des chapitres de l'*Esprit nouveau.*

sailles de ce stigmate ineffaçable, la même Assemblée trouva plaisant de lui infliger l'ironique proclamation d'une république bâtarde. Sans doute, la foi de l'apôtre n'en fut pas atteinte, mais qui peut dire que le cœur de ce grand citoyen, qui, à l'avance, a toujours prophétisé les malheurs de la France, n'ait reçu un coup douloureux, peut-être mortel, en voyant les destinées de la patrie de nouveau livrées à « ces démons du retard qui partout interviennent [1]? »

Ce coup retentit comme un glas de mort dans la dernière lettre qu'il m'adressa le 7 mars. Ceux qui l'ont aimé ne pourront lire sans attendrissement cette protestation d'outre-tombe.

« Madame,

« Nous avons été submergés ici dans le faux, dans la nuit noire, au point qu'il m'a été impossible de vous écrire. Plaignez-moi d'avoir à traverser ces ténèbres. On dit qu'elles finiront ; je veux bien le croire. Mais ce ne sera pas par le chemin dans lequel on s'engouffre, avec une foi qui me fait mal. J'ai trop vu, en France, de ces entraînements qui ressemblent à la fatalité. Nul n'y résiste, et l'on se trouve, d'un consentement unanime, retombé dans l'ancienne, infranchissable ornière !

« Il y aurait trop à dire sur ce point. On lie à la France les pieds, les mains ; et on lui dit : Maintenant le reste dépend de toi. Va, marche ! La carrière est ouverte.

« Et la pauvre nation, aveuglée, s'en contente.

« Quelle cruauté dans cette légèreté ! Parlons d'autre chose.

« Combien j'ai à vous remercier de ces lettres de Mme et de M. Burnouf. Je vous les renvoie dans la mienne ; elles m'ont fait tout le plaisir que je pouvais en attendre. La *Revue* acceptera-t-elle M. Burnouf pour arbitre ? Je le désire beaucoup et j'en doute encore plus. Il y a des gens, dans les *deux mondes*, qui ne me pardonneront jamais d'avoir

1. La phrase est de Goethe.

demandé, le premier, la dissolution de notre admirable Assemblée nationale. Il faut absolument que le châtiment retombe sur l'*Esprit nouveau*. Prenons le parti d'en rire.

« Hélas! non, madame, je n'ai pas encore reçu de l'introuvable M. Dentu vos deux volumes désirés. Il faut que j'aille les chercher.

« L'urgent, l'indispensable, est que vous gardiez votre santé. Songez bien qu'il y va de la réputation de l'*Esprit nouveau*.

« Les hommes s'amusent et nous leur donnons notre cœur. Prenons-y garde !

« Votre bien sincèrement dévoué.

« EDGAR QUINET.

« Versailles, 7 mars 1875. »

« Les hommes s'amusent et nous leur donnons notre cœur; prenons-y garde! » ...Quel cri sorti des entrailles d'un tel génie! Oh! oui, prenons-y garde ! Poètes, écrivains, tribuns, apôtres, lutteurs de l'humanité, qui, illustres, ou ignorés, poursuivons le combat tenace et redoublons d'âpres efforts en espérant atteindre au but idéal, prenons-y garde! Voilà qu'à l'heure où les invaincus d'entre nous touchent à ce but lumineux, les ténèbres, en vain refoulées, se déchaînent, elles envahissent l'éclaircie radieuse et font régner la nuit. Nuit apparente, nuit éphémère, qui ne prévaudra pas contre la perpétuité de l'esprit, Générateur éternel, l'esprit transmet la fécondation de la lumière à travers les âges et perce les plus noires éclipses. « On se retrouve dans la vérité! » Que cette parole, sublime de simplicité, qu'Edgar Quinet a dite en mourant à sa noble femme soit le cri de ralliement de l'humanité qu'il laisse effarée.

II.

Tout survit, rien ne meurt dans cette vérité impérissable, symbole fulgurant des luttes séculaires et des inces-

sants labeurs des générations. La Vérité est la seule divi-
nité visible, sereine et secourable, elle détrône les dieux
ténébreux et livre au mépris les mythes barbares. Les
génies émancipateurs sont ses prêtres incorruptibles, elle
a pour croyants tous les malheureux que la tyrannie
faisait méchants, et l'imposture, fourbes. Le souffle de la
Vérité les a relevés en les affranchissant des aveugles
servitudes des lâches; ils sont devenus bons et compa-
tissants au rayonnement de sa généreuse clarté; ils
s'aiment en elle, les uns les autres : « Chercher, servir
la Vérité, c'est entretenir une perpétuelle amitié avec
ceux qui l'ont cherchée ou qui sont morts pour elle [1]. »

« *On se retrouve dans la Vérité!* » Fière formule où
éclate le spiritualisme de la science. « *Il faut s'abêtir pour
croire,* » cri dégradant où se trahit le matérialisme de la
foi de Pascal.

On a beau entonner l'*Hosanna* de ces grands morts
toujours vivants, qui ont été des conducteurs d'âmes, le
jour où l'immortalité nous les prend et nous en sépare,
notre cœur saigne et nos larmes coulent. O cher poëte,
laissez-moi pleurer, laissez-moi vous dire, à vous qui ne
me raillerez pas, comment je fus foudroyée par la sinistre nouvelle.

Sa lettre du 7 mars m'avait émue d'un pressentiment
sombre. Ces mots : « prenons-y garde ? » retentissaient
dans ma solitude comme le *memento mori* des Trappistes,
mais c'est moi, pauvre infirme, qu'ils avertissaient que
l'heure du grand mystère était proche. Je n'avais plus de
souffrances aiguës; la paix s'était faite en mon âme, mais
les créations de l'esprit, suprêmes et vivifiantes voluptés
dans la jeunesse, m'étaient une angoisse et un épuisement.
Les cendres amoncelées dans mon cœur n'en laissaient plus
sortir que des flammes pâlies comme d'un foyer prêt à
s'éteindre.

Mais lui! lui, ce grand vieillard homérique, était,
comme l'a dit excellemment Victor Hugo : « Un de ces
êtres pour qui la vieillesse n'est pas, et qui s'accroissent
par l'accroissement des années. » — Lui disparaître, lui
finir son évolution sur la terre au moment où son œuvre

____

1. *L'Esprit nouveau,* page 347.

nouvelle y répandait tant de lumière et de vie? Non, non, il y avait en lui une surabondance de séve à ranimer tous les esprits moribonds !

J'eus honte de mon inertie en songeant à cette vieillesse héroïque, j'éperonnai ma torpeur pour ne pas rester indigne du bien qu'il m'avait fait.

Je lui avais écrit, quatre jours après sa dernière lettre, que je voulais revivre, agir, me mouvoir, sortir de moi-même, vaincre la pétrification qui me menaçait et rallumer ma vacillante étincelle aux grands flambeaux qui ont éclairé et guidé notre siècle. « J'irai à Rome, lui disais-je, pour y revoir quelques amis, et le plus cher de tous, le soldat humanitaire, l'intrépide, le juste, si magnifiquement glorifié par vous [1]. Nous parlerons de vous dans le Forum antique, où les spectres altiers de tous les héros intègres s'inclinent en passant devant Garibaldi ; puis nous nous assoirons dans le *Colosseum* énorme, antre formidable, aux terreurs géantes ; les fauves, hommes et bêtes, y rugissaient autrefois confondus ; aujourd'hui, les penseurs s'y recueillent et les foules leur disent : « instruisez-nous. » Quand les lueurs empourprées du soir pénètrent par la large brèche de ce cratère effondré et tari, on dirait d'un temple tranquille que la nature illumine. Oh ! si j'avais vingt ans, c'est dans le Colysée de Rome que je ferai retentir le sublime épilogue de *l'esprit nouveau*, ode ailée, aux strophes flamboyantes, où l'âme humaine palpite à travers l'incommensurabilité des mondes. « La voilà enfin, la Lumière tant désirée, qui com-« mence à poindre ! Il vaut la peine de vivre, pour voir « toutes les sciences anciennes et modernes apporter « chacune son contingent, sa méthode, son esprit à la « science suprême, à la philosophie de la vie universelle.

« Un homme qui s'est consumé d'attente dans une « profonde nuit, se réjouit aux premiers rayons du jour. « De même, il est impossible que l'humanité ne se ré-« jouisse pas en voyant la clarté qui se répand sur toutes « choses. Grande faveur pour l'homme de naître dans « une de ces époques de rénovation dans la pensée « humaine. Il acquiert des instruments et comme des

---

1. Lettre d'Edgar Quinet à Garibaldi sur les *Ville.*

« organes qui n'appartenaient pas à ses pères. Qu'il
« sache user de ces organes : ils étendront son existence
« aux derniers confins de l'univers. La nuit était profonde
« le jour se fait, saluons la lumière. »

. . . .

« Il n'est pas un point de l'espace qui ne vous ramène
« à vous-même et par vous à l'ordre universel ! Tout nous
« répond dans l'infini. Où allez-vous ? Vous marchez en
« compagnie des mondes. »

Debout ! disciples convaincus du maître inspiré ! En
marche, adorateurs du beau et du vrai ! Parcourez la
terre et répandez-y les croyances régénératrices. C'est
chez les peuples des pays lumineux que doit être d'abord
prêchée cette foi éclatante qui rattache la vie de l'homme
à la vie de l'univers tout entier.

En communication plus directe et pour ainsi dire fami-
lière avec la clarté des astres, la germination des plantes,
la fécondation des eaux, l'éruption des volcans, ces
peuples ont pressenti cette vie universelle. On la sent
ruisseler dans leur langue imagée : ils en possèdent la
poésie intuitive ; il vous suffira de leur en démontrer la
réalité scientifique.

Les génies philosophiques sont de tous les climats :
Bacon et Spinosa ont pu naître, sous les brumes de l'An-
gleterre et de la Hollande. L'Hécla lance des flammes
aussi vives que le Vésuve. Mais niera-t-on que ces flammes se reflètent mieux dans une mer rayonnante que
dans un océan sombre ?

C'est toujours dans les contrées du soleil que les fon-
dateurs de religions ont passionné les multitudes et les
ont soumises à leur autorité visionnaire, — et aujourd'hui
que la Vérité, religion suprême, leur serait enseignée, ces
mêmes multitudes s'y montreraient incrédules ? Absurde
hypothèse. — Je l'ai déjà dit : les aspirations de cette foi
nouvelle s'agitent inconscientes dans l'âme de ces peuples ;
elles n'attendent, pour s'y condenser en certitude, que
les prédications hardies des missionnaires de la science.

Oh ! que n'ai-je vingt ans et que ne suis-je Hypathie !
Dût-on me lapider comme elle ! je presserais ce livre sur
mon cœur affermi ; j'en confesserais et j'en prêcherais les

radieuses doctrines dans l'amphithéâtre apaisé et l'on verrait l'Esprit nouveau vivifier Rome et s'irradier jusqu'au fond du noir Vatican d'où montent encore de méphitiques ténèbres.

III

L'Italie et la Grèce traduiront à coup sûr ce livre : déjà il a éveillé d'emblée dans les deux pays l'enthousiasme des penseurs et l'admiration des lettrés, car l'évidente beauté des doctrines y palpite sous une forme adorable. Mais, hélas! le peuple, cet éternel et rude travailleur, n'a pas le temps de lire ; l'histoire, et surtout la science qui seule l'affranchira un jour, lui restent étrangères. Ce sont pour lui les annales inconnues de ses misères et de ses labeurs. Pourtant sans le peuple, acteur spontané dont l'intervention hardie décide des drames humains, que pourrait un groupe d'érudits contre les erreurs séculaires? L'action abat ce que l'idée a miné, le peuple est l'instrument de l'idée. Lui seul peut faire passer de la spéculation à la pratique un système philosophique utile à l'humanité. Donc, il importe, sitôt qu'apparaît une de ces œuvres libératrices, que tous ceux qui s'en assimilent l'esprit en répandent les fécondes semences parmi le peuple librement assemblé.

La foi des orateurs se communique à la foule dans cet enseignement prêché à ciel ouvert; un choc électrique frappe d'âme à âme et y introduit des clairvoyances soudaines.

Si les doutes que se pose un lecteur solitaire, et qu'il ne peut résoudre lui-même, se présentent à l'auditeur collectif, ces initiateurs sont tenus de les combattre et de les dissiper instantanément, sous peine de n'être point écoutés. Une foule a plus de pénétration qu'un seul homme.

IV

J'ai parlé du Colosseum comme d'une tribune d'où le Verbe nouveau pourrait en éclatant relever les cœurs que l'Église a courbés depuis tant de siècles.

Mais il est un autre point du monde, élu et pour ainsi dire réservé à l'enseignement de ces sereines doctrines. Les monuments d'Athènes, plus que ceux de Rome, ont gardé l'empreinte de l'harmonieuse grandeur de l'antiquité. Tout a concouru à rattacher à la Grèce le mouvement ascendant de renaissance poursuivi par les plus grands esprits des siècles modernes.

C'est d'un cerveau grec qu'on croirait sortie l'œuvre puissante qui nous occupe. Sa large et profonde conception s'éclaire d'un style radieux et pur comme la lumière de l'Attique. La figure vraie d'Homère y est ranimée avec l'amour et le respect qu'aurait mis Phidias à reproduire le poëte-dieu.

Il appartient donc à Athènes de glorifier l'écrivain qui émane du génie grec et qui le complète. La philosophie de la vie universelle est la magnifique synthèse des croyances symboliques de l'antique Grèce. La beauté et l'aménité des lieux où elle était née douèrent cette race primordiale du double amour du Bien et du Beau, qui fit son impérissable supériorité. Elle réussit à mettre dans l'art, dans la poésie, dans l'éloquence et le patriotisme la même beauté plastique qui palpitait autour d'elle dans la nature : « De tous les peuples de la terre, les Grecs ont le plus noblement rêvé le rêve de la vie[1]. » Mais est-ce un rêve que cette concentration de tous les rayonnements de l'infini dans un peuple unique? N'estce pas plutôt une éblouissante réalité conquise par la persistance et la fierté du labeur? A travers la chute des empires et des religions, cette réalité est restée l'idéal du monde.

La race qui l'a produite existe, elle s'est ranimée, elle revit au sein de cette même nature fécondatrice. Les Grecs, habitants des montagnes, ont encore la stature et l'harmonieuse beauté des dieux de l'Olympe. L'audace et la valeur d'il y a deux mille ans éclatent dans leurs yeux un peu farouches, sitôt qu'on les appelle au combat. La férocité des barbares, l'oppression stupide des Turcs, et l'ignorance des papas[2] n'ont pas avili cette race immortelle. Des siècles d'esclavage n'ont pu courber ces fronts

---

1. Gœthe.
2. Nom des popes en Grèce.

de héros. L'amour de la patrie antique, c'est-à-dire du beau éternel, est resté inviolable parmi les Grecs les plus illettrés. Tous tressaillent au nom d'Athènes: loin d'elle son nom flamboie devant eux : c'est leur vrai Labarum. Race industrieuse et active, ils vont s'enrichir en Amérique, en Allemagne, en Égypte ; ils peuplent Constantinople de leurs écrivains, de leurs artistes et de leurs ouvriers ; ils se l'assimilent avant d'y régner ; mais le but unique de leurs efforts est Athènes ! Athènes est la terre sainte où ils veulent mourir, Athènes est la femme adorée pour laquelle ils ont fait fortune ; ils s'ingénient à la parer et à l'embellir. La Grèce est pauvre et petite, mais Athènes, incessamment agrandie, est devenue, par la tendresse de ses enfants, une des plus importantes cités du monde. Les riches luttent entre eux à qui la dotera d'un palais, d'une bibliothèque, d'un théâtre, d'un musée, d'un gymnase, d'un jardin plein de fleurs, d'une fontaine jaillissante ou d'un square ombreux. Les pauvres veillent sur elle comme sur un sanctuaire ; Athènes est leur mère immortelle ; ils en repaissent leurs yeux. L'admiration que les étrangers ont pour elle les enorgueillit. Il la tiennent nette, brillante et tranquille comme l'azur qui la circonscrit ; ils lui épargnent, jusque dans ses carrefours, la souillure des excréments, la discordance des querelles, l'humiliation d'hommes et d'animaux immondes.

Ils l'aiment trop pour la salir, et le respect qu'ils ont pour elle leur donne le respect d'eux-mêmes. Leurs haillons sont propres et fiers ; ils rougiraient de faire tache à l'éther nacré dont elle enveloppe sa majesté souriante. A ceux qui leur diraient : « Athènes n'est qu'un nom ! » ils montreraient d'un geste superbe les indestructibles monuments où l'âme de l'ancienne Grèce s'est pour ainsi dire enfermée. Elle a dormi là ensevelie durant les longues ténèbres des siècles aveugles. Que d'insultes subies par la sérénité de ces marbres divins ! Quelle violation de leur pureté olympienne ! Oh ! il leur convenait, tant qu'a duré la nuit sinistre de l'esclavage, de se cacher sous les décombres. Une femme outragée n'étale pas devant ses profanateurs sa beauté meurtrie ; elle la dérobe sous des voiles de deuil.

Mais aujourd'hui Athènes libre a reconquis le droit d'être belle.

Il y a un demi-siècle, les poëtes en la saluant pleuraient sur elle. Chateaubriand, Quinet, Lamartine ont eu de ces larmes sublimes. Byron a fait plus, il lui a donné sa vie pour la racheter.

Maintenant Athènes apparaît aux poëtes comme une jeune ressuscitée triomphale, qui a rejeté les lambeaux du suaire. En la voyant ils s'éprennent d'elle et ne peuvent plus la quitter. Que ceux qui veulent comprendre leur ravissement et partager leur extase visitent Athènes avec eux par une matinée de printemps. L'instinct ne trompe pas les poëtes, ces sincères amoureux de la beauté des êtres et des choses. Ils passent distraits devant un grand palais vulgaire aux murs blancs et lourds. Mais au-delà, quel ravissement ! Ils avancent à travers un merveilleux labyrinthe de plantes et d'arbustes en fleurs. Un essaim innombrable de rossignols, ivres de parfums, chantent dans les cimes des acacias dentelés et des platanes au vaste feuillage ; c'est une mélodie pénétrante, intense et radieuse, comme une volupté prolongée. Elle éclate de l'aube au soir, et couvre de ses notes perlées tous les autres bruits d'Athènes. On s'égare, attiré par ces chants, dans un enchevêtrement de roses, de tubéreuses, de cassies, de jonquilles et d'œillets ; la flore de l'Orient s'épanouit là tout entière, et répand dans les airs ses vertigineuses senteurs. Les corolles s'effeuillent sur les sentiers sablés et çà et là sur des mosaïques antiques. Quelques torses brisés de déesses s'enlacent aux souples lianes, des têtes de dieux, ou de héros, se couronnent de vertes brindilles ; un fauve surgit d'un massif de glaïeuls ; des flots clairs coulent et murmurent sous les larges feuilles des nymphéas, dont les blanches conques d'ivoire sont effleurées par des papillons bleus. O suavité des aromes ! délice des ombres fraîches ! liesse des hautes herbes ! sous ce grand ciel de lapis-lazuli inflexible et dominateur comme un amour qui dévore !

Ah ! les attrayants jardins ! Aspasie dut en avoir de semblables dans l'antique Athènes. On y oublie l'embrasement des monts lumineux d'alentour. Mais tout à coup une immense éclaircie se fait sous ces ombrages ; ainsi se lève un rideau de théâtre pour laisser voir un décor imprévu : formant un majestueux portique aux lieux sacrés qu'on va

parcourir, les colonnes sveltes, quoique géantes, du temple
de Jupiter Olympien se dressent devant vous dans l'azur ;
elles ont la teinte dorée des gerbes mûres au temps de la
moisson. Dans les interstices de cette colonnade altière,
la lumière palpite et s'étale ; elle étend au loin comme
une gaze d'argent sur le vert terni des bois d'oliviers. Au
delà, la mer Égée éclaire de lueurs d'acier le rivage effondré de l'antique port de Phalère. Le triple éblouissement
des eaux, du soleil et de l'éther forcent les yeux à se clore
à demi et à ne plus regarder qu'une à une les parties distinctes du merveilleux tableau. A gauche, une végétation
sans vigueur d'arbustes épineux et de plantes sèches serpente au bord d'un ravin dont le lit est à peine mouillé
par le suintement de quelques flots paresseux. Mais ce
ravin est l'Illyssus ! Et sur sa rive, où l'Hymète projette
une ombre éclatante, le stade antique saillit en relief ! Il
est sorti intact du linceul des siècles. On dirait qu'hier
encore il a vu lutter les athlètes des fêtes des Panathénées !
Les Panathénées évoquent l'Acropole ! Nom qui vibre plus
haut que tous les noms des rois et des césars. Le promeneur tressaille en voyant, à droite du tableau, sourire ce
roc sublime dans l'inaltérable pureté des cieux. Quelle
fierté dans ce titan tranquille qui, pour couronne, a le Parthénon ! Embrasser d'un regard l'Acropole, puis errer,
émerveillé, depuis sa base jusqu'à la rampe des Propylées
est aujourd'hui pour le rêveur une marche facile qu'il
peut accomplir tout en méditant ; ses pas ne sont plus
entravés par les plâtras des habitations turques ; le roc
sacré a rejeté les maçonneries insultantes et couvert de
belles ronces fleuries les plaies de ses monuments vénérés. La route qui ceint l'Acropole est large et verdoyante
du côté de la campagne ; des bouquets d'arbres, parmi
lesquels frissonnent quelques peupliers, et des tertres couverts d'herbes fines la bordent çà et là ; la vue domine toute
la plaine qui se déroule jusqu'au Pirée.

Mais à peine a-t-on dépassé le théâtre de Bacchus, incrusté au flanc de l'Acropole, qu'arrivé sur l'esplanade
en face des Propylées, on reste immobile et comme perdu
en un songe. On sent tressaillir autour de soi l'âme de la
cité de Minerve, ses fastes les plus mémorables se raniment, ses spectres les plus glorieux se pressent dans l'es-

pace et semblent y répandre des lueurs idéales. On est là
en pleine antiquité mystérieuse et auguste. L'esplanade
sillonnée de fleurs qu'on traverse aujourd'hui pour monter
au Parthénon se continue, dégagée de toute construction
moderne, jusqu'à ce merveilleux temple de Thésée qui
rayonne au pied de l'Acropole. Les siècles n'ont rien pris
à ce monument dédié au libérateur de la Grèce. Thésée,
dompteur des monstres qui ravageaient sa patrie, est une
des plus audacieuses figures des temps antiques. A moitié
mythologique et à moitié humain, Thésée surgit des temps
fabuleux des annales grecques, alors que tout acte d'hé-
roïsme ou de dévouement public impliquait une incarna-
tion divine. La science a éclairci la partie légendaire des
travaux de Thésée et de ceux d'Hercule. Où les dieux dis-
paraissent, les hommes se montrent plus grands et leurs
labeurs plus âpres.

De la place où trône seul le temple radieux de Thésée,
l'œil embrasse toute l'étendue du Pnyx complétement dé-
blayé. Cette vaste enceinte des assemblées populaires avait
été pratiquée sur une roche au revers du Lycabetus ; on y
arrivait par quatre degrés taillés dans la pierre ; un mur
circulaire entourait le Pnyx ; la tribune aux harangues,
dont une partie existe encore, était située au midi ; le
peuple se pressait au nord jusqu'aux murs d'enceinte. La
solitude et le silence siéent à cette tribune où Alcibiade,
Démosthènes, Socrate, Phocion et tant de grands ancêtres
parlèrent aux Athéniens. Les Grecs modernes ont respecté
cette majesté du silence et de la solitude, et de même
qu'ils n'ont bâti qu'à distance de leurs ruines sacrées, les
plus riches monuments de la ville nouvelle, ils se sont
abstenus, dans les crises politiques, de rassembler le
peuple au Pnyx et de l'y haranguer. Toute parodie des
temps antiques paraîtrait aux Athéniens une profana-
tion...

Ce qui caractérise la génération actuelle de la Grèce,
c'est le recueillement ; elle vit dans l'attente d'événements
futurs, on sent qu'elle se prépare, qu'elle se réserve; mais
cette réserve même est un signe de force. Sa persistance
et ses efforts pour se mettre au niveau des peuples les
plus civilisés de l'Europe attestent sa supériorité. En dehors du petit roi qui la gouverne et des diplomaties qui

l'entravent, cette génération accomplit des fonctions qui lui sont propres et pour ainsi dire naturelles. Elle relève la Grèce en lui rendant la vie intellectuelle.

Durant des siècles de barbarie, Athènes était devenue étrangère aux lettres, aux sciences, aux arts et à l'industrie. Son rayonnement d'autrefois ne servait qu'à faire paraître plus sombre la nuit qui l'enveloppait.

Lorsque Chateaubriand visite Athènes en 1806, il constate : « que non-seulement les Grecs ne savent pas leur histoire, mais qu'ils ignorent presque tous la langue qui fait leur gloire ! On a vu, ajoute-t-il, un Anglais, poussé d'un saint zèle, vouloir s'établir à Athènes pour y donner des leçons de grec ancien. » Eh bien ! à peine libre, ce peuple ignorant et illettré a produit une génération studieuse, patiente, résolue, qui affermit par l'intelligence l'œuvre d'affranchissement due au courage de la génération précédente. Moins d'un demi-siècle a suffi pour qu'Athènes, qui n'était plus qu'une bourgade turque, soit redevenue la fière et élégante cité des travailleurs de l'esprit.

Quand le jour meurt et qu'on s'oublie à travers ces magnifiques ondulations de rocs et de terrains déserts où se groupent les monuments antiques, on regarde attendri l'Athènes nouvelle, comme dilatée sous les blanches lueurs d'une claire nuit. Elle apparaît aussi grande qu'au temps de Périclès. Les dernières flammes roses du soleil couchant se sont fondues à l'horizon ; une atmosphère laiteuse s'étend de toutes parts sur les champs, sur les monts et sur la ville qui semble endormie et ne former qu'une masse marmoréenne. Mais bientôt les astres s'allument aux cieux et l'étendue se divise en zones distinctes; en bas, les rues d'Athènes se zèbrent de sillons lumineux ; çà et là un rayon plus vif indique un monument public. Cette ville d'hier a ses théâtres, ses musées, ses bibliothèques; elle a de grandes écoles où des milliers de jeunes filles, qui seront les mères de l'avenir, lisent Homère et Sophocle, des lycées, où de tous les points de la Grèce, de l'Asie Mineure, des Iles de l'Archipel, des rives du Bosphore, toutes les familles des Hellènes envoient s'instruire leurs fils.

Athènes est suave à cette heure ; elle a la sérénité de ce qui ne périt pas. A toutes les maisons scintille une étincelle attestant que la vie y circule. Les plus humbles habitations, celles où s'abritent les travailleurs du corps, s'endorment les premières et rentrent dans les choses confuses. Mais d'autres maisons, en grand nombre, veillent durant ces nuits limpides. Dans le cadre rayonnant des fenêtres ouvertes, on distingue des têtes pensives inclinées près d'une lampe voilée, et l'on reconnaît une admirable légion de savants, d'érudits et de lettrés dont peut se glorifier la renaissante Athènes. Ils se sont voués à une œuvre pleine de grandeur et ils y travaillent à l'envi sans se préoccuper d'une renommée personnelle. Ils se sont partagé la tâche ardue de reconstituer l'antiquité grecque; plusieurs président aux fouilles qui se continuent aux alentours d'Athènes; d'autres se subdivisent les classifications des précieuses découvertes que ces fouilles amènent. L'un a le domaine des marbres : statues, bustes, bas-reliefs, etc.; l'autre veille aux terres cuites : petits groupes innombrables et exquis, d'une perfection égale, comme art plastique, à la *Vénus de Milo* ou au sublime *Guerrier de Marathon*; un troisième collectionne les poteries grecques (si supérieures aux vases étrusques) et ces petites urnes lacrymatoires en verres de couleur d'une délicatesse inimaginable; un quatrième relève et commente les inscriptions qui éclaircissent et précisent bien des points obscurs de l'histoire de la Grèce antique. Plusieurs athéniens contemporains [1], numismates profonds se sont voués à la classification des médailles [2] qui, à l'égal des inscriptions, ont illuminé les annales grecques.

Athènes n'a pas seulement des savants, elle a des écrivains élégants et purs qui, au lieu de produire des œuvres hâtives et éphémères, ont compulsé toutes les éditions des génies antiques, les ont éclairées de commentaires et les ont fait réimprimer à grands frais. Leur vie et leur fortune s'épuisent à ce labeur patriotique sans profit pour eux, mais concourant à la grandeur de leur pays.

1. Je citerai leurs noms dans les chapitres consacrés à Athènes dans mon livre les *Pays lumineux.*
2. Ce qu'Athènes possède aujourd'hui de merveilles en ce genre peut être apprécié par la seule collection de médailles qui se trouvent à la Bibliothèque; ces médailles ont été gravées à la suite du catalogue des livres.

Qu'un livre de science ou de philosophie, qui se rattache à l'immortelle littérature grecque, apparaisse dans le monde, aussitôt l'œuvre est traduite et préconisée à Athènes. Donc, aucun doute qu'à l'heure présente, un de ces travailleurs nocturnes ne fasse passer dans la langue imagée d'Homère ce grand livre de l'*Esprit nouveau*, qu'eût signé Platon. Une fois traduit, le livre s'imprimera, des orateurs en comprendront la beauté et s'en assimileront l'essence, et bientôt le Pnyx retentira de cette philosophie de la vie universelle dont la vérité éclate à Athènes plus qu'en aucun autre lieu de la terre.

Qu'on raille ce rêve, qu'on m'objecte que ce livre, écrit à Paris, doit y servir de thème à des conférences publiques, qu'on me dise que le peuple parisien, intelligent et républicain, est apte à comprendre ces doctrines et à se passionner pour elles ; je répondrai avec Edgar Quinet : « Que de cruauté dans cette légèreté. »

Oui, nous sommes en République ! eh bien ! cette République fallacieuse ne permettrait pas à Paris ce que le roi d'Italie et le roi de Grèce n'oseraient interdire ni à Rome, ni à Athènes.

V

Athènes est notre aïeule et Rome est notre mère.

a dit Victor Hugo dans son style lapidaire. Mais hélas, Paris, fils héroïque de cette aïeule et de cette mère, qui toutes deux furent si longtemps courbées par la papauté et par l'islamisme, Paris est aujourd'hui moins libre qu'Athènes et que Rome. Et tandis que les deux vieilles cités se raniment au souffle émancipateur du génie antique, l'esprit byzantin énerve Paris et dissout la France. *La République sans républicains* de M. Thiers devait fatalement aboutir à la République comprimée qui nous régit aujourd'hui. Les caractères se décomposent et la patrie est aux abois, sous cette ironique oppression qui soumet les clartés aux ténèbres et le patriotisme au faux semblant du bien public. C'est un labyrinthe que la conscience de nos hommes d'État : on s'y perd, et ce qui est pire, on s'y égare, et l'on reste ahuri quand on se retrouve. Les timides s'étiolent et s'aplatissent, accommodant leurs facultés vitales à la part d'atmosphère qu'on leur mesure : les sincères et les altiers s'indignent et meurent tout à coup de cette indignation qui éclate en eux comme l'arme du suicide.

— C'est ainsi qu'est mort Edgar Quinet.

VI

Soyez indulgent, cher et brillant poëte, et pardonnez-moi ces digressions sur Rome et sur Athènes ; songez que ces mirages éclatants ont seuls adouci pour moi l'âpreté de la solitude durant le sinistre hiver qui vient de s'écouler. Moins sombre et moins rigoureux à San-Remo que dans les autres contrées de l'Europe, cet hiver tempêtueux a été fatalement doublé par un printemps lugubre. Les pluies et les rafales n'ont pas cessé d'assombrir le golfe depuis le 1er mars, et tandis que je vous écris (fin avril) la mer mugit et se lamente sous mes fenêtres comme l'âme collective de l'humanité au désespoir. Si je regarde à travers mes vitres, j'ai pour perspective le vieux fort génois qui sert de prison aux malfaiteurs français et italiens arrêtés à la frontière ; ils y sont amenés par bandes, plusieurs fois par jour, enchaînés aux pieds et aux mains, sous une escorte de gendarmes ; il y a là des figures à épouvanter dans une route déserte. Les plus sinistres d'entre eux ne sont pas les déguenillés, mais les pick-pockets, épaves de Nice et de Monaco, à gilet à fleur et à cravate de soie. Ceux-ci échangent en passant des saluts et des sourires avec les saltimbanques en habits pailletés dont la voiture-théâtre a élu domicile sur la rive à retour du fort. Debout à l'avant de ce tréteau roulant, un Pierrot enfariné sonne de la trompette tandis que sa Colombine en maillot troué bat la grosse caisse. Tous les *birichini* de San-Remo accourent à ce signal. La plupart sortent des anfractuosités des rocs formant des niches pleines d'ordures à la base de la forteresse. Accroupis dans ces nids infects, ces petits drôles de huit à dix ans y jouent du matin au soir avec des cartes aussi crasseuses qu'une vieille marmite. L'attrait *della comedia*, qui passionne leur imagination, peut seul les arracher à cet amour des cartes qui les prend au berceau. Paresseux et joueurs eux-mêmes, les pères et les frères aînés leur donnent l'exemple de la fainéantise et de la crapule ; tandis que les malheureuses femmes font la besogne des maris et des fils et portent des fardeaux écrasants. Brusques, sauvages, mais courageuses, ces infortunées n'ont pas de jeunesse, et ne sont plus à vingt ans que des vieilles édentées. Affreux spectacle ! l'homme ignoble et lâche, en face de la femme réduite à des labeurs de bête de somme !

Voilà l'invariable tableau qui s'offre aux regards *alla marina* de San-Remo. Pour comble d'impressions funèbres, le hasard m'a fait habiter une maison contiguë à celle où se fabriquent les caisses des morts et où s'abritent les voitures de deuil. Par l'orage qui gronde et empêche de sortir, ce serait à devenir fou sans les journaux de France et d'Italie et les lettres des amis qui ne nous oublient pas. Un bruit de roues se fait-il entendre, on espère follement qu'un de ces amis a deviné votre angoisse et arrive tout à coup ; hélas ! c'est un corbillard qui rentre à la *casa* voisine.

Deux mois sans interruption de ce spectacle ! tandis que la maladie me consume !... Oh ! mieux vaut aller mourir à Paris, à Rome ou à Milan. Au moins quelques mains fraternelles presseront la nôtre, quelques êtres intelligents et bons nous feront écho.

Le 28 mars, la tempête était plus intense, les rugissements de la mer me faisaient tressaillir : mes nerfs vibraient comme dans l'attente d'un événement terrible. Je désirais le courrier du soir avec l'impatience d'un prisonnier qui meurt dans l'uniformité de ces heures sépulcrales.

J'avais compté les jours, à coup sûr une lettre d'Edgar Quinet allait m'arriver. Je lui avais écrit depuis deux semaines mes rêves sur Rome et Athènes. Sa réponse ne pouvait tarder ; il savait de quel ferme appui il m'était devenu dans ma détresse.

Je n'eus pas de lettre ce soir-là. La journée du lendemain fut remplie de pressentiments sombres ; le ciel était

gris comme à Londres, la musique des saltimbanques
éclatait telle qu'un ricanement atroce : c'était, sous mes
fenêtres, un va-et-vient redoutable de voitures de mort ;
je frissonnais dans mon fauteuil et j'y passai des heures
inerte ; j'essayai d'écrire et je ne le pouvais pas. Oh !
qu'une visite amie m'aurait été secourable.

Le soir vint ; j'allumai ma lampe avec un sourire d'allé-
gement. Le courrier de France allait arriver, des voix
amies allaient me parler dans cette langue de la patrie
que je n'entendais plus retentir. Une lettre et une causerie intime qui soutient le cœur, et un journal, comme le
Rappel, une causerie parisienne qui aiguillonne l'esprit,
causerie charmante et passionnée, quelquefois sublime,
quand le causeur est Victor Hugo, Louis Blanc, Edgar
Quinet ! Ce dernier nom rayonnait ce soir-là devant moi
comme si une main invisible l'eût écrit sur les murs de ma
chambre.

Le courrier arriva, il ne m'apporta que le journal. Je
l'ouvris sitôt que ma porte fut close et que je n'entendis
plus au dehors que le bruit des marteaux clouant les cer-
cueils dans la maison voisine. Oh ! pensai-je, les nouvelles de la France vont me faire oublier l'abandon et la
mort. Je fixai mes yeux sur le *Rappel* et je poussai un cri
de déchirement : le nom d'Edgar Quinet flamboyait en
lettres énormes au haut de la première colonne : il était
mort, mort la veille, en prononçant ces magnifiques paroles « : On se retrouve dans la Vérité ! »

Je restai comme foudroyée dans ma solitude ; j'y de-
meurai seule durant cette nuit d'orage qui éclatait au dehors. Je m'imposai de lire à travers mes pleurs les dernières pages, si pleines de douceur et de sérénité, qu'il
avait écrites. Le journal frissonnait dans mes mains trem-
blantes. Les pulsations du pouls et les vibrations du cerveau devinrent si rapides qu'il me sembla que mes muscles
allaient se rompre, tels que les cordes d'un instrument ten-
dues à outrance. Mes yeux se voilèrent, et, me sentant
défaillir, je m'étayais aux meubles pour atteindre mon lit.
J'y tombai éperdue avec une fièvre ardente. Quand le
jour parut, on appela le médecin. Son ordonnance de
calme et de repos absolu me fit tristement sourire. Est-ce
qu'on peut maîtriser une pareille émotion et se résigner à

la rupture d'un semblable lien? Des soins inintelligents échouèrent. Je suis en proie, depuis ce jour, à une fièvre nerveuse. Si j'avais appris à Rome cette mort irréparable, votre sympathie, celle de Garibaldi, de Mauro-Macchi et quelques autres fidèles m'aurait soutenue, mais à San-Remo, l'isolement et les dissonances intellectuelles m'ont torturée par leur brutalité inconsciente.

Qu'est-ce que c'est que ça, Edgar Quinet? se seraient écriés ceux à qui j'aurais prononcé ce grand nom vénéré. D'ailleurs San-Remo ne se préoccupait à cette heure que de la distribution des croix polonaises faite il y avait huit jours par l'impératrice de Russie aux honorables dignitaires du lieu, y compris le commissaire de police, qui avait veillé à la sûreté de cette majesté peu majestueuse.

Je me souviens de l'irritation indignée que me causa une de ces autorités triomphantes en venant chez moi, le jour même, me demander d'un ton dégagé un autographe du grand génie à peine couché dans la tombe. Ce monsieur-là connaissait le nom d'Edgar Quinet, mais seulement son nom. Qu'on en juge! Il me formula sa demande en ces termes : « Je fais collection de lettres d'hommes célèbres; je placerai Edgar Quinet près d'une autre gloire éclatante de votre pays. » — De qui donc, lui demandai-je? — « D'Émile Ollivier, » répliqua-t-il avec une inimaginable satisfaction. J'eus un soubresaut de colère et fus tentée de jeter dehors l'hyperbolique visiteur. Il me regarda ébahi, profondément convaincu que je devenais folle. Pour bien des gens, il est des sentiments qui sont lettre close. J'étais injuste et mal-apprise envers ce bourgeois correct. Est-ce sa faute s'il était à ce point dépourvu du sens de la grandeur morale? Pour certains palais, un radis et un ananas ont la même saveur.

Ces derniers froissements m'ont rendu San-Remo odieux, et j'en serais déjà partie pour Rome, ou Paris, sans la fièvre qui me consume. Quand pourrai-je aller respirer un peu d'air vital dans un de ces centres intellectuels où la vie ne se borne pas à des fonctions digestives ?

VII.

Tandis que le Vatican s'agite (comme un cadavre galvanisé par les rois qui ont intérêt à s'étayer sur des supports sacrés), et qu'il tente de ressaisir la puissance que la science et la raison humaine lui ont arrachée, opposons aux fausses idoles des faibles et des intrigants nos penseurs indiscutables et nos génies souverains et répétons avec Edgar Quinet : « La lumière est faite, saluons le jour ! »

Honorons nos dieux ! nos dieux visibles et palpables qui nous ont délivrés de l'oppression cléricale.

Plus qu'aucun autre, l'auteur de l'*Esprit nouveau* a contribué à émanciper votre belle patrie. Garibaldi l'a compris en annonçant à l'Italie entière la mort d'Edgar Quinet comme un malheur public. Oui ! c'est une catastrophe pour votre pays aussi bien que pour la France que, à l'heure où les ténèbres remontent, une aussi pure clarté disparaisse ; mais son œuvre nous reste, et dans cette œuvre, il survit immuable comme la vérité qu'il a proclamée. Vous qui êtes jeune, éloquent, écouté, ne souffrez pas, cher poëte, qu'on étouffe, ne fût-ce que pour un temps, cette grande mémoire. Ce livre de l'*Esprit nouveau* semble vous avoir été légué comme une arme décisive de délivrance. Jusqu'ici l'Italie n'a combattu et repoussé la papauté qu'au point de vue politique, il est temps qu'elle la combatte au point de vue moral et qu'elle la détruise scientifiquement. Rien n'est fait si vous la laissez régner sur les âmes et sur les esprits. Par la femme, elle corrompt les familles, elle pétrit au berceau le cœur de l'enfant, énerve l'homme viril et courbe le front du vieillard en face de la tombe. Combien peu de familles italiennes ont résolûment rompu ces liens néfastes. Vos lois civiles ne vous ont délivrés qu'en apparence. Les couvents sont fermés, le droit laïque est écrit dans vos codes, mais chaque maison abrite un prêtre ou un moine qui continue à y prêcher l'erreur en vain déracinée. Oh ! songez-y, le péril est pressant ; il vous menace, il vous étreint. Tous les États catholiques sont destinés à périr ; la cor-

ruption et la barbarie les dissolvent. Ainsi est morte la
Pologne, ainsi sombre l'Espagne, ainsi l'Italie et la France
se décomposent. « Les gladiateurs du mensonge, » comme
appelait Garibaldi les hommes d'Eglise (dans une lettre
qu'il m'a adressée), ne peuvent rien sur les forts, ils ne
règnent que sur les faibles, mais les faibles sont le plus
grand nombre; vous êtes, cher poëte, dans la légion des
forts et des impliables. Veillez et combattez! Il y va du
salut du monde, de la victoire définitive de l'Esprit.

Le peuple de Paris a fait à Edgar Quinet de magnifiques
funérailles! Qui n'eût espéré là le triomphe de la liberté?
Les cléricaux ont souri... ils comptent sur leurs menées
secrètes et se jouent des plus fiers élans populaires. A
l'heure des malheurs publics, ils reprennent les peuples ef-
farés à la glu corruptrice et les peuples aveugles suc-
combent.

« De la lumière, de la lumière! » s'écriait Gœthe expi-
rant. Cette lumière immortelle surabonde dans cette œuvre
de l'*Esprit nouveau*, ne la laissons pas étouffer. La France
ne peut rien à cette heure, et la Grèce de l'avenir est en
train de se débarrasser de son roitelet. A vous, Italiens,
de prendre en mains la propagation de ces fières doctrines. Il faut un appui à l'humanité qui chancelle, cet appui
inespéré est dans ce livre; traduisez-le, répandez-le, et
prêchez à Rome l'*Esprit nouveau*.

Le moment est propice, contre les trames de la papauté
et de la *conserteria*, vous aurez pour bouclier Garibaldi!
Les nains n'osent pas se mesurer aux géants. Il y a dans
l'honnêteté et la droiture de ce héros une telle grandeur
que les imposteurs religieux et les fourbes politiques en
sont terrifiés.

O jeune et courageux poëte, ne dédaignez pas cette mis-
sion. C'est le dernier cri d'une mourante.

FIN

Imprimerie Eugène Heutte et Cie, à Saint-Germain.

www.ingramcontent.com/pod-product-compliance
Lightning Source LLC
LaVergne TN
LVHW020623180726
843502LV00006B/1834